CW00505923

# Guía Súper S
# la Dieta

El mejor libro de cocina para bajar la presión arterial con recetas bajas en sodio.

Prevenga la hipertensión arterial y viva con salud.

Sally Plancha

# Índice

© Copyright 2021 por Sally Plancha - Todos los derechos reservados.

El siguiente libro se reproduce a continuación con el objetivo de proporcionar información lo más precisa y fiable posible. Independientemente de ello, la compra de este Libro puede ser vista como un consentimiento al hecho de que tanto el editor como el autor de este libro no son de ninguna manera expertos en los temas tratados en el mismo y que cualquier recomendación o sugerencia que se haga aquí es sólo para fines de entretenimiento. Los profesionales deben ser consultados según sea necesario antes de llevar a cabo cualquiera de las acciones aquí respaldadas.

Esta declaración es considerada justa y válida tanto por la Asociación Americana de Abogados como por el Comité de la Asociación de Editores y es legalmente vinculante en todo el territorio de los Estados Unidos.

Además, la transmisión, duplicación o reproducción de cualquiera de los siguientes trabajos, incluida la información específica, se considerará un acto ilegal, independientemente de que se realice electrónicamente o en forma impresa. Esto se extiende a la creación de una copia secundaria o terciaria de la obra o una copia registrada y sólo se permite con el consentimiento expreso por escrito del Editor. Se reservan todos los derechos adicionales.

La información que figura en las páginas siguientes se considera en general una exposición veraz y exacta de los hechos y, como tal, toda falta de atención, utilización o uso indebido de la información en cuestión por parte del lector hará que las acciones resultantes queden únicamente bajo su competencia. No hay ningún escenario en el que el editor o el autor original de esta obra pueda ser considerado de alguna manera responsable de cualquier dificultad o daño que pueda ocurrirles después de emprender la información aquí descrita.

Además, la información que figura en las páginas siguientes tiene fines exclusivamente informativos y, por lo tanto, debe considerarse universal. Como corresponde a su naturaleza, se presenta sin garantías sobre su validez prolongada o su calidad provisional. Las marcas comerciales que se mencionan se hacen sin consentimiento escrito y no pueden considerarse en modo alguno como una aprobación del titular de la marca.

# Alas de pollo Teriyaki

Tiempo de preparación: 15 minutos

Hora de cocinar: 30 minutos

Porciones: 6

Ingredientes:

- 3 libras de alas de pollo (15 - 20)

- 1/3 taza de jugo de limón

- ¼ taza de salsa de soja

- ¼ taza de aceite vegetal

- 3 cucharadas de salsa de chile

- 1 diente de ajo, finamente picado

- ¼ cucharadita de pimienta fresca molida

- ¼ cucharadita de semilla de apio

- Mostaza líquida Dash

Instrucciones:

1. Prepara el adobo. Combina el jugo de limón, la salsa de soja, la salsa de chile, el aceite, las semillas de apio, el ajo, la pimienta y la mostaza. Revuelva bien y déjelo a un lado. Enjuagar y secar las alas de pollo.

2. Vierta el adobo sobre las alas de pollo. Cubrir bien. Refrigerar durante 2 horas. Después de 2 horas. Precalentar la parrilla en el horno. Escurra el exceso de salsa.

3. Coloca las alas en una hoja de galletas con papel de pergamino. Ase en cada lado durante 10 minutos. Servir inmediatamente.

Nutrición:

Calorías - 96

Proteína - 15g

Hidratos de carbono - 63g

Grasa - 15g

Sodio - 145mg

# Alas de pollo caliente

Tiempo de preparación: 15 minutos

Tiempo de cocción: 25 minutos

Porciones: 4

Ingredientes:

- 10 - 20 alas de pollo

- ½ margarina en barra

- 1 botella de salsa picante Durkee

- 2 cucharadas de miel

- 10 batidos de salsa Tabasco

- 2 cucharadas de pimienta de cayena

Instrucciones:

1. Aceite de canola caliente en una olla profunda. Fría las alas hasta que estén cocidas, aproximadamente 20 minutos. Mezclar la salsa picante, la miel, el tabasco y la pimienta de cayena en un tazón mediano. Mezclar bien.

2. Coloca las alas cocidas en toallas de papel. Escurra el exceso de aceite. Mezcle las alas de pollo en la salsa hasta que estén cubiertas uniformemente.

Nutrición:

Calorías - 102

Proteína - 23g

Hidratos de carbono - 55g

Azúcares - 0.1g

Grasa - 14g

Sodio - 140mg

# Pollo crujiente de anacardo

Tiempo de preparación: 15 minutos

Hora de cocinar: 30 minutos

Porciones: 5

Ingredientes:

- 2 pechugas de pollo, sin piel, sin huesos

- 2 claras de huevo

- 1 taza de anacardos

- ¼ taza de migas de pan

- 2 tazas de aceite de cacahuete o aceite vegetal

- ¼ taza de almidón de maíz

- 1 cucharadita de azúcar moreno

- 2 cucharaditas de sal

- 1 cucharadita de jerez seco

Instrucciones:

1. Caliente el horno a 400 F. Ponga los anacardos en una licuadora. Pulsa hasta que estén finamente picadas. Colóquelos en un recipiente poco profundo y añada el pan rallado.

2. Lava las pechugas de pollo. Séquelas con palmaditas. Córtalas en pequeños cubos. En un recipiente separado y poco profundo, mezclar la sal, el almidón de maíz, el azúcar moreno y el jerez. En otro recipiente, bata la clara de huevo.

3. Ponga el aceite en una olla grande y profunda. Calentar a alta temperatura. Coloca los trozos de pollo en un plato. Coloca los tazones en una fila; harina, huevos, anacardos y pan rallado. Preparar una bandeja de horno con papel de pergamino.

4. Sumerge los trozos de pollo en la harina, luego el huevo, y luego la mezcla de anacardo. Sacuda el exceso de mezcla. Suavemente coloque el pollo en el aceite. Fríe por cada lado durante 2 minutos. Colóquelo en la bandeja de hornear.

5. Una vez hecho, desliza la bandeja de hornear en el horno. Cocine por 4 minutos más, voltee, cocine por 4 minutos más, hasta que se dore. Sirva inmediatamente, o frío, con su salsa favorita baja en grasa.

Nutrición:

Calorías - 86

Proteína - 21g

Hidratos de carbono - 50g

Azúcares - 0.1g

Grasa - 16g

Sodio - 139mg

# Sopa de pollo Tortellini

Tiempo de preparación: 15 minutos

Hora de cocinar: 30 minutos

Porciones: 5

Ingredientes:

- 2 pechugas de pollo, deshuesadas, sin piel; cortadas en cubos
- 1 cucharada de aceite sin sabor (aceite de oliva, canola, girasol)
- 1 cucharadita de mantequilla
- 2 tazas de tortellini de queso
- 2 tazas de brócoli congelado
- 2 latas de sopa de crema de pollo
- 4 tazas de agua
- Una cebolla grande, cortada en cubitos
- 2 dientes de ajo, picados
- 2 zanahorias grandes, en rodajas
- 1 palo de apio, cortado en rodajas
- 1 cucharadita de orégano

- ½ cucharadita Albahaca

Instrucciones:

1. Saca el brócoli del congelador. Ponlo en un tazón. Enjuague y seque las pechugas de pollo. Cortar en cubos. En una olla grande, calentar el aceite. Freír los cubos de pechuga de pollo. Sácalos de la olla, ponlos en un papel para que se escurra el aceite.

2. Añade la cucharadita de mantequilla a la olla caliente. Saltee la cebolla, el ajo, las zanahorias, el apio y el brócoli. Una vez que la verdura esté lista, añadir la sopa de pollo y el agua. Revuelva los ingredientes hasta que se combinen. Deje que hierva a fuego lento.

3. Añade el pollo y los tortellini de nuevo a la olla. Cocine a fuego lento en 10 minutos, o hasta que los tortellini estén cocidos. Sirva inmediatamente.

Nutrición:

Calorías - 79

Proteína - 15g

Hidratos de carbono - 55g

Azúcares - 0g

Grasa - 13g

Sodio... 179 mg.

# El Diván de las gallinas...

Tiempo de preparación: 15 minutos

Hora de cocinar: 30 minutos

Porciones: 4

Ingredientes:

- Pollo cocido de 1/2 libra, deshuesado, sin piel, cortado en trozos del tamaño de un bocado.

- 1 taza de brócoli, cocido, cortado en trozos del tamaño de un bocado.

- 1 taza de queso cheddar extra fuerte, rallado

- 1 lata de sopa de champiñones

- ½ taza de agua

- 1 taza de crotones

Instrucciones:

1. Caliente el horno a 350 F. En una olla grande, caliente la sopa y el agua. Añade el pollo, el brócoli y el queso. Mezclar bien. Viértalo en una bandeja de hornear engrasada. Coloca los crotones sobre la mezcla. Hornee dentro de 30 minutos o hasta que la cazuela esté burbujeando, y los crotones estén dorados.

Nutrición:

Calorías - 380

Proteína - 25g

Hidratos de carbono - 10g

Azúcares - 1g

Grasa - 22g

Sodio - 397mg

# Arroz frito de pollo cremoso

Tiempo de preparación: 15 minutos

Hora de cocinar: 45 minutos

Porciones: 4

Ingredientes:

- 2 libras de pollo; carne blanca y oscura (cortada en cubos)

- 2 cucharadas de mantequilla o margarina

- 1 ½ tazas de arroz instantáneo

- 1 taza de vegetales congelados mezclados

- 1 lata de crema condensada de sopa de pollo

- 1 taza de agua

- 1 cubo de caldo de pollo instantáneo

- Sal y pimienta al gusto

Instrucciones:

1. Saca las verduras del congelador. Ponlas a un lado. Caliente una sartén grande y profunda a fuego medio, añada la mantequilla o la margarina. Coloca el pollo en la sartén, sazona con sal y pimienta. Fríalo hasta que ambos lados estén dorados.

2. Retira el pollo, luego ajusta el fuego y añade el arroz. Añade el agua y el caldo. Cocina el arroz, luego agrega el

pollo, las verduras. Mezclar en la sopa, y luego hervir a fuego lento hasta que las verduras estén tiernas. Servir inmediatamente.

Nutrición:

Calorías - 119

Proteína - 22g

Hidratos de carbono - 63g

Grasa - 18g

Sodio - 180mg

# Pollo Tikka

Tiempo de preparación: 15 minutos

Tiempo de cocción: 20 minutos

Porciones: 6

Ingredientes:

- 4 pechugas de pollo, sin piel, sin hueso; en cubos

- 2 cebollas grandes, cortadas en cubos

- 10 Tomates cherry

- 1/3 de taza de yogur sin grasa

- 4 dientes de ajo, aplastados

- 1 ½ pulgadas de jengibre fresco, pelado y picado

- 1 cebolla pequeña, rallada

- 1 ½ cucharadita de chile en polvo

- 1 cucharada de cilantro molido

- 1 cucharadita de sal

- 2 cucharadas de hojas de cilantro

Instrucciones:

1. En un bol grande, combine el yogur sin grasa, el ajo machacado, el jengibre, el chile en polvo, el cilantro, la sal y la pimienta. Añade el pollo cortado en cubos y revuelve hasta que el pollo esté cubierto. Cúbralo con una película plástica y colóquelo en la nevera. Dejar marinar de 2 a 4 horas. Calentar la parrilla o la barbacoa.

2. Después de marinar el pollo, prepara unos pinchos. Alternen trozos de cubos de pollo, tomates cherry y cebollas cortadas en cubos en los pinchos.

3. Asar a la parrilla dentro de 6 - 8 minutos a cada lado. Una vez que el pollo esté cocinado, pongan la carne y las verduras de los pinchos en los platos. Adorne con cilantro. Servir inmediatamente.

Nutrición:
Calorías - 117
Proteína - 19g
Hidratos de carbono - 59g
Grasa - 19g
Sodio - 203mg

# Pollo Cajún con miel y especias

Tiempo de preparación: 15 minutos

Tiempo de cocción: 20 minutos

Porciones: 4

Ingredientes:

- 2 pechugas de pollo, sin piel, sin huesos

- 1 cucharada de mantequilla o margarina

- 1 libra de linguini

- 3 setas grandes, en rodajas

- 1 tomate grande, cortado en cubos

- 2 cucharadas de mostaza regular

- 4 cucharadas de miel

- 3 onzas de crema de mesa baja en grasas

- Perejil, picado en bruto

Instrucciones:

1. Lava y seca las pechugas de pollo. Calentar una cucharada de mantequilla o margarina en una sartén grande. Añade las pechugas de pollo. Sazonar con sal y pimienta. Cocinar de cada lado de 6 a 10 minutos, hasta

que estén bien cocidas. Saque las pechugas de pollo de la sartén. Déjelas a un lado.

2. Cocine el linguine como se indica en las instrucciones del paquete en una olla grande. Guarda una taza del agua de la pasta. Escurra el linguine. Añade los champiñones, los tomates a la sartén de cocinar el pollo. Calentar hasta que estén tiernos.

3. Añade la miel, la mostaza y la crema. Mezclar bien. Añadir el pollo y el linguini a la sartén. Revuelva hasta que se cubra. Adorne con perejil. Servir inmediatamente.

Nutrición:

Calorías - 112

Proteína - 12g

Hidratos de carbono - 56g

Grasa - 20g

Sodio - 158mg

# Pollo italiano

Tiempo de preparación: 15 minutos

Hora de cocinar: 35 minutos

Porciones: 4

Ingredientes:

- 4 pechugas de pollo, sin piel y sin hueso

- 1 frasco grande de salsa para pasta, baja en sodio

- 1 cucharada de aceite sin sabor (de oliva, canola o girasol)

- Una cebolla grande, cortada en cubitos

- 1 pimiento verde grande, cortado en cubos

- ½ cucharadita de sal de ajo

- Sal y pimienta al gusto

- 1 taza de queso mozzarella bajo en grasa, rallado

- Hojas de espinaca, lavadas, secas, chuleta gruesa

Instrucciones:

1. Lavar las pechugas de pollo, secarlas con palmaditas. En una olla grande, calentar el aceite. Añade la cebolla, cocínala, hasta que sude y se vuelva translúcida. Añade

el pollo. Sazonar con sal, pimienta y sal de ajo. Cocina el pollo. 6 - 10 minutos de cada lado.

2. Añade los pimientos. Cocine durante 2 minutos. Vierta la salsa para pasta sobre el pollo. Mezcla bien. Cocina a fuego lento durante 20 minutos. Servir en platos, espolvorear el queso sobre cada pieza. Adornar con espinacas.

Nutrición:

Calorías - 142

Proteína - 17g

Hidratos de carbono - 51g

Grasa - 15g

Sodio - 225mg

# Pechuga de pollo al limón y perejil

Tiempo de preparación: 15 minutos

Tiempo de cocción: 15 minutos

Porciones: 2

Ingredientes:

- 2 pechugas de pollo, sin piel, sin huesos

- 1/3 taza de vino blanco

- 1/3 taza de jugo de limón

- 2 dientes de ajo, picados

- 3 cucharadas de pan rallado

- 2 cucharadas de aceite sin sabor (de oliva, canola o girasol)

- ¼ taza de perejil fresco

Instrucciones:

1. Mezcla el vino, el jugo de limón y el ajo en una taza medidora. Golpee cada pechuga de pollo hasta que tengan ¼ pulgadas de grosor. Cubrir el pollo con pan rallado y calentar el aceite en una sartén grande.

2. Fríe el pollo dentro de 6 minutos por cada lado, hasta que se doren. Añade la mezcla de vino sobre el pollo.

Cuézalo a fuego lento durante 5 minutos. Vierta cualquier jugo extra sobre el pollo. Adorne con perejil.

Nutrición:

Calorías - 117

Proteína - 14g

Hidratos de carbono - 74 g

Grasa - 12g

Sodio - 189mg

# Verduras

## Tagine de inspiración marroquí con garbanzos y verduras

Tiempo de preparación: 15 minutos

Hora de cocinar: 45 minutos

Porciones: 3

Ingredientes:

- 2 cucharaditas de aceite de oliva

- 1 taza de zanahorias picadas

- ½ taza de cebolla finamente picada

- Una patata dulce, cortada en cubos

- 1 taza de caldo de verduras bajo en sodio

- ¼ cucharadita de canela molida

- 1/8 de cucharadita de sal

- 1½ tazas de pimientos picados, de cualquier color

- 3 tomates ciruela maduros, picados

- 1 cucharada de pasta de tomate

---

- 1 diente de ajo, prensado o picado

- 1 lata de garbanzos de 15 onzas, escurridos y enjuagados

- ½ taza de albaricoques secos picados

- 1 cucharadita de polvo de curry

- ½ cucharadita de pimentón

- ½ cucharadita de cúrcuma

Instrucciones:

1. Calentar el aceite a fuego medio en una cacerola u horno holandés grande. Añadir las zanahorias y la cebolla y cocinar hasta que la cebolla esté translúcida unos 4 minutos. Añada la batata, el caldo, la canela y la sal y cocine de 5 a 6 minutos, hasta que el caldo se reduzca ligeramente.

2. Añade los pimientos, los tomates, la pasta de tomate y el ajo. Revuelva y cocine por otros 5 minutos. Añada los garbanzos, albaricoques, curry en polvo, pimentón y cúrcuma a la olla. Deje que todo hierva, luego reduzca el fuego a bajo, cubra, hierva a fuego lento durante unos 30 minutos y sirva.

Nutrición:

Calorías: 469

Grasa: 9g

Hidratos de carbono: 88g

Proteína: 16g

Sodio: 256mg

# Espaguetis con glaseado de arce y trozos de tofu

Tiempo de preparación: 15 minutos

Tiempo de cocción: 22 minutos

Porciones: 3

Ingredientes:

- 2 onzas de tofu firme, bien drenado

- 1 calabaza pequeña de espagueti, cortada por la mitad a lo largo.

- 2½ cucharaditas de aceite de oliva, divididas

- 1/8 de cucharadita de sal

- ½ taza de cebolla picada

- 1 cucharadita de romero seco

- ¼ taza de vino blanco seco

- 2 cucharadas de jarabe de arce

- ½ cucharadita de polvo de ajo

- ¼ taza de queso Gruyère rallado

Instrucciones:

1. Ponga el tofu en un colador de malla grande y colóquelo sobre un gran tazón para drenar. Cortar la calabaza con un cuchillo de cocina para que el vapor pueda salir

mientras se cocina. Coloca la calabaza en un plato mediano apto para microondas y cocínala en el microondas a alta potencia durante 5 minutos. Retire la calabaza del microondas y déjela enfriar.

2.  Corta la calabaza enfriada por la mitad en una tabla de cortar. Quita las semillas y pon las mitades de calabaza en una bandeja de hornear de 9 por 11 pulgadas.

3.  Rocíe la calabaza con media cucharadita de aceite de oliva y sazone con la sal, luego envuélvala con papel encerado y póngala de nuevo en el microondas durante 5 minutos más a fuego alto. Una vez cocida, raspe las hebras de calabaza con un tenedor en un pequeño tazón y cúbralo para mantenerlo caliente.

4.  Mientras se cocina la calabaza, calienta una cucharadita de aceite en una sartén grande a fuego medio-alto. Poner la cebolla y saltear durante unos minutos. Añada el romero y revuelva durante 1 minuto, hasta que esté fragante.

5.  Ponga el resto del aceite en la misma sartén. Desmenuce el tofu en la sartén, remueva hasta que se dore ligeramente, unos 4 minutos, y páselo a un tazón pequeño.

6.  Añade el vino, el jarabe de arce y el polvo de ajo a la sartén y revuelve para combinar. Cocine durante 2 minutos hasta que se reduzca ligeramente y se espese.

Retire del fuego. Dividir uniformemente la calabaza entre dos platos, y luego cubrirla con la mezcla de tofu. Espolvorea el glaseado de arce por encima, y luego añade el queso rallado.

Nutrición:

Calorías: 330

Grasa: 15g

Hidratos de carbono: 36g

Fibra: 5g

Proteína: 12g

Sodio: 326mg

Potasio: 474mg

# Patatas rellenas de Tex-Mex horneadas

Tiempo de preparación: 15 minutos

Hora de cocinar: 45 minutos

Porciones: 2

Ingredientes:

- 2 patatas grandes de Idaho

- ½ taza de frijoles negros, enjuagados y escurridos

- ¼ taza de salsa comprada en la tienda

- 1 aguacate, cortado en cubos

- 1 cucharadita de jugo de limón recién exprimido

- ½ taza de yogur griego sin grasa

- ¼ cucharadita de condimento para taco con contenido reducido de sodio

- ¼ taza de queso cheddar rallado y picante

Instrucciones:

1. Precaliente el horno a 400°F. Frota las papas, luego corta una "X" en la parte superior de cada una con un cuchillo de cocina. Poner las patatas en la rejilla del horno, y hornearlas durante 45 minutos hasta que estén tiernas.

---

2. En un pequeño tazón, revuelva los frijoles y la salsa y déjelos a un lado. En otro tazón pequeño, mezclar el aguacate y el jugo de limón y reservar. En un tercer tazón pequeño, revuelva el yogur y el condimento para tacos hasta que se mezclen bien.

3. Cuando las patatas se horneen, ábrelas con cuidado. Cubrir cada papa con la mezcla de frijoles y salsa, aguacate, yogurt sazonado y queso cheddar, dividiendo uniformemente cada componente, y servir.

Nutrición:

Calorías: 624

Grasa: 21g

Hidratos de carbono: 91g

Fibra: 21g

Proteína: 24g

Sodio: 366mg

Potasio: 2134mg

# Barcos de calabacín rellenos de lentejas

Tiempo de preparación: 15 minutos

Hora de cocinar: 45 minutos

Porciones: 2

Ingredientes:

- 2 calabacines medianos, cortados por la mitad a lo largo y con semillas

- 2¼ tazas de agua, divididas

- 1 taza de lentejas verdes o rojas, secas y enjuagadas

- 2 cucharaditas de aceite de oliva

- 1/3 de taza de cebolla picada

- 2 cucharadas de pasta de tomate

- ½ cucharilla de orégano

- ¼ cucharadita de polvo de ajo

- Pellizcar la sal

- ¼ taza de queso mozzarella rallado parcialmente descremado

Instrucciones:

1. Precaliente el horno a 375°F. Forrar una hoja de hornear con papel de pergamino. Coloca los calabacines, con los lados huecos hacia arriba, en la bandeja para hornear y déjalos a un lado.

2. Hervir 2 tazas de agua a fuego alto en una olla mediana y añadir las lentejas. Bajar el fuego, y luego hervir a fuego lento dentro de 20 a 25 minutos. Escurrir y reservar.

3. Calienta el aceite de oliva en una sartén mediana a fuego medio-bajo. Saltee las cebollas hasta que estén translúcidas, unos 4 minutos. Bajar el fuego y añadir las lentejas cocidas, pasta de tomate, orégano, ajo en polvo y sal.

4. Añade el último cuarto de taza de agua y cocina a fuego lento durante 3 minutos, hasta que el líquido se reduzca y forme una salsa. Retire del fuego.

5. Rellena cada mitad de calabacín con la mezcla de lentejas, dividiéndola en partes iguales, cubre con queso, hornea durante 25 minutos y sirve. El calabacín debe estar tierno con el tenedor, y el queso debe estar derretido.

Nutrición:

Calorías: 479

Grasa: 9g

Hidratos de carbono: 74g

Fibra: 14g

Proteína: 31g

Sodio: 206mg

Potasio: 1389mg

# Berenjena al horno con parmesano

Tiempo de preparación: 15 minutos

Hora de cocinar: 35 minutos

Porciones: 4

Ingredientes:

- 1 berenjena pequeña o mediana, cortada en rodajas de ¼ pulgadas

- ½ cucharadita de mezcla de condimentos italianos sin sal

- 1 cucharada de aceite de oliva

- ¼ taza de cebolla picada

- ½ taza de pimiento amarillo o rojo cortado en cubos

- 2 dientes de ajo, prensados o picados

- 1 lata de salsa de tomate (8 onzas)

- 3 onzas de mozzarella fresca, cortada en 6 trozos

- 1 cucharada de queso parmesano rallado, dividido

- 5 o 6 hojas de albahaca fresca, picadas

Instrucciones:

1. Precalentar un horno de aire comprimido a 400°F.

2. Trabajando en dos tandas, coloque las rodajas de berenjena en la bandeja de la freidora y espolvoréelas

con condimento italiano. Hornee durante 7 minutos.
Repita con las rodajas restantes, y luego déjelas a un
lado en un plato.

3. En una sartén mediana, calentar el aceite a fuego medio
   y saltear la cebolla y los pimientos hasta que se
   ablanden unos 5 minutos. Añade el ajo y saltéalo
   durante 1 o 2 minutos más. Añada la salsa de tomate y
   revuelva para combinarla. Retire la salsa del fuego.

4. Rociar una cacerola de 9 por 6 pulgadas con spray de
   cocina. Esparce un tercio de la salsa en el fondo del
   plato. Ponga rebanadas de berenjena en capas sobre la
   salsa. Espolvorea con la mitad del queso parmesano.

5. Continúa poniendo la salsa y la berenjena, terminando
   con la salsa. Coloca los trozos de mozzarella en la parte
   superior. Espolvorea el parmesano restante de manera
   uniforme sobre todo el plato. Hornee en el horno
   durante 20 minutos. Adornar con albahaca fresca,
   cortar en cuatro porciones y servir.

Nutrición:
Calorías: 213
Grasa: 12g
Hidratos de carbono: 20g
Fibra: 7g
Proteína: 10g
Sodio: 222mg
Potasio: 763mg

# Arroz de boniato con salsa picante de cacahuete

Tiempo de preparación: 15 minutos

Tiempo de cocción: 25 minutos

Porciones: 2

Ingredientes:

- ½ taza de arroz basmati

- 2 cucharaditas de aceite de oliva, divididas

- 1 lata de garbanzos de 8 onzas, escurridos y enjuagados

- 2 batatas medianas, cubos pequeños

- ¼ cucharadita de comino molido

- 1 taza de agua

- 1/8 de cucharadita de sal

- 2 cucharadas de cilantro picado

- 3 cucharadas de mantequilla de maní

- 1 cucharada de sriracha

- 2 cucharaditas de salsa de soja reducida en sodio

- ½ cucharadita de polvo de ajo

- ¼ cucharadita de jengibre molido

Instrucciones:

1. Calentar una cucharadita de aceite en una sartén antiadherente grande a fuego medio-alto. Añade los garbanzos y calienta durante 3 minutos. Revuelva y cocine hasta que estén ligeramente dorados. Pasa los garbanzos a un tazón pequeño.

2. Poner el resto de la cucharadita de aceite en la sartén, luego agregar las papas y el comino, distribuyéndolos uniformemente. Cocina las patatas hasta que se doren ligeramente antes de voltearlas.

3. Mientras se cocinan las papas, hierve el agua con la sal en una cacerola grande a fuego medio-alto. Poner el arroz en el agua hirviendo, ajustar el calor a bajo, cubrir y cocinar a fuego lento durante 20 minutos.

4. Cuando las patatas estén completamente cocidas, unos 10 minutos en total, retire la sartén del fuego. Pasa las patatas y los garbanzos al arroz, doblándolos suavemente. Añade el cilantro picado.

5. En un pequeño tazón, bata la mantequilla de maní, la sriracha, la salsa de soja, el ajo en polvo y el jengibre hasta que se mezclen bien. Divida la mezcla de arroz entre dos tazones. Rocíe con la salsa y sirva.

Nutrición:

Calorías: 667

Grasa: 22g

Hidratos de carbono: 100g

Fibra: 14g

Proteína: 20g

Sodio: 563mg

Potasio: 963mg

# Curry rojo de vegetales

Tiempo de preparación: 15 minutos

Tiempo de cocción: 25 minutos

Porciones: 2

Ingredientes:

- 2 cucharaditas de aceite de oliva

- 1 taza de zanahorias en rodajas

- ½ taza de cebolla picada

- 1 diente de ajo, prensado o picado

- 2 pimientos, sin semillas y cortados en rodajas finas

- 1 taza de coliflor picada

- 2/3 taza de leche de coco light

- ½ taza de caldo de verduras bajo en sodio

- 1 cucharada de pasta de tomate

- 1 cucharadita de polvo de curry

- ½ cucharadita de comino molido

- ½ cucharadita de cilantro molido

- ¼ cucharadita de cúrcuma

- 2 tazas de espinacas frescas para bebés

- 1 taza de arroz integral de cocción rápida

Instrucciones:

1. Calentar el aceite en una gran sartén antiadherente a fuego medio. Añade las zanahorias, la cebolla y el ajo y cocínalos de 2 a 3 minutos. Reduzca el fuego a medio-bajo, añada los pimientos y la coliflor a la sartén, cúbrala y cocine en 5 minutos.

2. Añade la leche de coco, el caldo, la pasta de tomate, el curry en polvo, el comino, el cilantro y la cúrcuma, revolviendo para combinar. Cocine a fuego lento, tapado (ventile ligeramente la tapa), durante 10 a 15 minutos hasta que el curry se reduzca ligeramente y se espese.

3. Destape, añada las espinacas y revuelva durante 2 minutos hasta que se marchite y se mezcle con las verduras. Retirar del fuego. Cocine el arroz como se indica en las instrucciones del paquete. Sirva el curry sobre el arroz.

Nutrición:

Calorías: 584

Grasa: 16g

Hidratos de carbono: 101g

Fibra: 10g

Proteína: 13g

Sodio: 102mg
Potasio: 1430mg

# Hamburguesas de frijoles negros

Tiempo de preparación: 15 minutos

Tiempo de cocción: 20 minutos

Porciones: 4

Ingredientes:

- ½ taza de arroz integral de cocción rápida

- 2 cucharaditas de aceite de canola, divididas

- ½ taza de zanahorias finamente picadas

- ¼ taza de cebolla finamente picada

- 1 lata de judías negras, drenadas

- 1 cucharada de mezcla de condimentos de mezquite sin sal

- 4 pequeños y duros rollos

Instrucciones:

1. Cocine el arroz como se indica en las instrucciones del paquete y déjelo a un lado. Calentar una cucharadita de aceite en una sartén antiadherente grande a fuego medio. Añade las zanahorias y las cebollas y cocínalas hasta que las cebollas estén translúcidas unos 4 minutos. Ajuste el fuego a bajo y cocine de nuevo de 5 a 6 minutos, hasta que las zanahorias estén tiernas.

2. Añade los frijoles y el condimento a la sartén y continúa cocinando durante 2 o 3 minutos más. Ponga la mezcla

de frijoles en un procesador de alimentos dentro de 3 a 4 veces o hasta que la mezcla esté bien mezclada. Ponga la masa en un tazón mediano y añada el arroz integral hasta que esté bien combinado.

3. Divide la mezcla de manera uniforme y fórmala en 4 hamburguesas con tus manos. Caliente el aceite restante en la sartén. Cocine las hamburguesas en 4 o 5 minutos por cada lado, dándolas vuelta una vez. Sirva las hamburguesas en los rollos con su elección de cubiertas.

Nutrición:

Calorías: 368

Grasa: 6g

Hidratos de carbono: 66g

Fibra: 8g

Proteína: 13g

Sodio: 322mg

Potasio: 413mg

# Pilaf de cebada de verano con salsa de eneldo de yogur

Tiempo de preparación: 15 minutos

Hora de cocinar: 30 minutos

Porciones: 3

Ingredientes:

- 2 2/3 tazas de caldo de verduras bajo en sodio

- 2 cucharaditas de aceite de aguacate

- 1 calabacín pequeño, cortado en cubos

- 1/3 taza de almendras cortadas

- 2 cebolletas, en rodajas

- 1 taza de cebada

- ½ taza de yogur griego sin grasa

- 2 cucharaditas de cáscara de limón rallada

- ¼ cucharadita de eneldo seco

Instrucciones:

1. Hervir el caldo en una cacerola grande. Calentar el aceite en una sartén. Añade los calabacines y saltéalos durante 3 o 4 minutos. Añade las almendras y las partes

blancas de las cebolletas y saltéalas durante 2 minutos. Retirar, y transferirlo a un pequeño tazón.

2. Añade la cebada a la sartén y saltéala durante 2 o 3 minutos para que se tueste. Pasar la cebada al caldo hirviendo y reducir el calor a bajo, cubrir y cocer a fuego lento durante 25 minutos o hasta que esté tierna. Retire, y deje reposar dentro de 10 minutos o hasta que el líquido sea absorbido.

3. Simultáneamente, mezclar el yogur, la cáscara de limón y el eneldo en un pequeño tazón y reservar. Espolvorea la cebada con un tenedor. Añada la mezcla de calabacín, almendra y cebolla y mezcle suavemente. Para servir, dividir el pilaf entre dos tazones y rociar el yogur sobre cada tazón.

Nutrición:

Calorías: 545

Grasa: 15g

Hidratos de carbono: 87g

Fibra: 19g

Proteína: 21g

Sodio: 37mg

Potasio: 694mg

# Lentejas de quinoa gratinadas con calabaza.

Tiempo de preparación: 15 minutos

Tiempo de cocción: 1 hora y 15 minutos

Porciones: 3

Ingredientes:

Para las lentejas y el calabacín:

- Spray de cocina antiadherente

- 2 tazas de agua

- ½ taza de lentejas verdes o rojas secas, enjuagadas

- Pellizcar la sal

- 1 cucharadita de aceite de oliva, dividida

- ½ taza de quinoa

- ¼ taza de chalota picada

- 2 tazas de calabaza congelada en cubos

- ¼ taza de leche baja en grasa

- 1 cucharadita de romero fresco picado

- Pimienta negra recién molida

Para el gratinado:

- ¼ taza de migas de pan panko

- 1 cucharadita de aceite de oliva

- 1/3 taza de queso Gruyère rallado

Instrucciones:

1. Precaliente el horno a 400°F. Rocíe una cacerola de un cuarto de galón o una bandeja para hornear de 8 por 8 pulgadas con spray de cocina.

2. En una cacerola mediana, revuelva el agua, las lentejas y la sal y hierva a fuego medio-alto. Bajar el fuego una vez que el agua esté hirviendo, tapar y cocinar a fuego lento durante 20 o 25 minutos. Luego escúrrala y transfiera las lentejas a un tazón grande y déjelas a un lado.

3. En la misma cacerola, calienta ½ cucharadita de aceite a fuego medio. Añade la quinoa y rápidamente revuelve durante 1 minuto para tostarla ligeramente. Cocine según las instrucciones del paquete, unos 20 minutos.

4. Mientras se cocina la quinoa, calienta el aceite de oliva restante en una sartén mediana a fuego medio-bajo, añade los chalotes y saltéalos hasta que estén translúcidos, unos 3 minutos. Añada la calabaza, la leche y el romero y cocine de 1 a 2 minutos.

5. Quitar, y luego transferir al recipiente de las lentejas. Añada la quinoa y mezcle suavemente todo. Sazonar con pimienta al gusto. Transfiera la mezcla a la cacerola.

6. Para la cobertura de gratinado, mezclar las migas de pan panko con el aceite de oliva en un pequeño tazón. Poner el pan rallado sobre la cazuela y cubrirlo con el queso. Hornear la cazuela durante 25 minutos y servir.

Nutrición:

Calorías: 576

Grasa: 15g

Hidratos de carbono: 87g

Fibra: 12g

Proteína: 28g

Sodio: 329mg

Potasio: 1176mg

# Cazuela de arroz integral con queso cottage

Tiempo de preparación: 15 minutos

Hora de cocinar: 45 minutos

Porciones: 3

Ingredientes:

- Spray de cocina antiadherente

- 1 taza de arroz integral de cocción rápida

- 1 cucharadita de aceite de oliva

- ½ taza de cebolla dulce picada

- 1 bolsa (10 onzas) de espinacas frescas

- 1½ tazas de requesón bajo en grasa

- 1 cucharada de queso parmesano rallado

- ¼ taza de semillas de girasol

Instrucciones:

1.  Precaliente el horno a 375°F. Rocíe una pequeña cazuela de un cuarto de galón de 1½ con spray de cocina. Cocine el arroz, como se indica en las instrucciones del paquete. Déjelo a un lado.

2. Calentar el aceite en una sartén grande antiadherente a fuego medio-bajo. Añade la cebolla y saltéala durante 3 o 4 minutos. Añada las espinacas y cubra la sartén, cocinando de 1 a 2 minutos hasta que las espinacas se marchiten. Retire la sartén del fuego.

3. En un tazón mediano, mezcla el arroz, la mezcla de espinacas y el queso cottage. Transfiera la mezcla a la cacerola preparada. Cubrir con el queso parmesano y las semillas de girasol, hornear durante 25 minutos hasta que se dore ligeramente, y servir.

Nutrición:

Calorías: 334

Grasa: 9g

Hidratos de carbono: 47g

Fibra: 5g

Proteína: 19g

Sodio: 425mg

Potasio: 553mg

# Pimientos rellenos de quinoa

Tiempo de preparación: 15 minutos

Hora de cocinar: 35 minutos

Porciones: 2

Ingredientes:

- 2 pimientos verdes grandes, cortados por la mitad
- 1½ cucharaditas de aceite de oliva, divididas
- ½ taza de quinoa
- ½ taza de cebolla picada
- 1 diente de ajo, prensado o picado
- 1 taza de hongos portobello picados
- 3 cucharadas de queso parmesano rallado, divididas
- 4 onzas de salsa de tomate

Instrucciones:

1. Precaliente el horno a 400°F. Ponga las mitades de pimienta en su bandeja de hornear preparada. Cepille el interior de los pimientos con ½ cucharadita de aceite de oliva y hornee durante 10 minutos.

2. Quita la bandeja de hornear y déjala a un lado. Mientras los pimientos se hornean, cocine la quinoa en una cacerola grande a fuego medio según las instrucciones del paquete y déjela a un lado.

3. Calienta el resto del aceite en una sartén de tamaño medio a fuego medio. Añade la cebolla y saltéala hasta que esté translúcida unos 3 minutos. Ponga el ajo y cocine en 1 minuto.

4. Ponga los champiñones en la sartén, ajuste el calor a medio-bajo, cubra, y cocine dentro de 5 a 6 minutos. Destape, y si aún hay líquido en la sartén, reduzca el calor y cocine hasta que el líquido se evapore.

5. Añade la mezcla de champiñones, una cucharada de parmesano y la salsa de tomate a la quinoa y revuelve suavemente para combinar. Con cuidado, pongan la mezcla de quinoa en cada mitad de pimiento y espolvoréenla con el resto del parmesano. Devuelva los pimientos al horno, hornee de 10 a 15 minutos más hasta que estén tiernos, y sirva.

Nutrición:

Calorías: 292

Grasa: 9g

Hidratos de carbono: 45g

Fibra: 8g

Proteína: 12g

Sodio: 154mg

**Potasio: 929mg**

# Pan plano griego con espinacas, tomates y feta

Tiempo de preparación: 15 minutos

Tiempo de cocción: 9 minutos

Porciones: 2

Ingredientes:

- 2 tazas de espinacas frescas, picadas en trozos grandes.

- 2 cucharaditas de aceite de oliva

- 2 rebanadas de naan, u otro pan plano

- ¼ taza de aceitunas negras en rodajas

- 2 tomates ciruela, cortados en rodajas finas

- 1 cucharadita de mezcla de condimentos italianos sin sal

- ¼ taza de feta desmoronada

Instrucciones:

1. Precaliente el horno a 400°F. Calentar 3 cucharadas de agua en una pequeña sartén a fuego medio. Añada las espinacas, cúbralas y cocínelas al vapor hasta que se marchiten, unos 2 minutos. Escurra el exceso de agua y déjela a un lado.

2. Rocíen el aceite uniformemente en ambos panes planos. Cubrir cada uno uniformemente con espinacas,

aceitunas, tomates, condimentos y queso feta. Hornee los panes planos en 5 a 7 minutos, o hasta que estén ligeramente dorados. Corten cada uno en cuatro trozos y sírvanlos calientes.

Nutrición:

Calorías: 411

Grasa: 15g

Hidratos de carbono: 53g

Fibra: 7g

Proteína: 15g

Sodio: 621mg

Potasio: 522mg

# Risotto de hongos con guisantes

Tiempo de preparación: 15 minutos

Tiempo de cocción: 20 minutos

Porciones: 2

Ingredientes:

- 2 tazas de caldo de verduras o de pollo bajo en sodio.

- 1 cucharadita de aceite de oliva

- 8 onzas de hongos bebé portobello, en rodajas finas.

- ½ taza de guisantes congelados

- 1 cucharadita de mantequilla

- 1 taza de arroz arbóreo

- 1 cucharada de queso parmesano rallado

Instrucciones:

1. Vierta el caldo en una taza medidora de vidrio a prueba de microondas. Poner en el microondas en alto durante 1½ minutos o hasta que esté caliente. Calentar el aceite a fuego medio en una cacerola grande. Añadir los hongos y revolver durante 1 minuto. Cúbrelos y cocínalos hasta que estén suaves, unos 3 minutos más. Añade los guisantes y reduce el fuego a bajo.

2. Ponga la masa de champiñones a los lados de la cacerola y añada la mantequilla en el medio, calentando hasta que se derrita. Poner el arroz en la cacerola y remover durante 1 o 2 minutos para tostarlo ligeramente. Agregar el caldo caliente, ½ taza a la vez, y revolver suavemente.

3. A medida que el caldo se cocine en el arroz, continúe añadiendo más caldo, ½ taza a la vez, revolviendo después de cada adición, hasta que se añada todo el caldo. Una vez que todo el líquido se absorba (esto debería llevar 15 minutos), retirarlo del fuego. Servir inmediatamente, cubierto con queso parmesano.

Nutrición:

Calorías: 430

Grasa: 6g

Hidratos de carbono: 83g

Fibra: 5g

Proteína: 10g

Sodio: 78mg

Potasio: 558mg

# Burrito de tofu con frijoles negros

Tiempo de preparación: 15 minutos

Tiempo de cocción: 20 minutos

Porciones: 2

Ingredientes:

- 4 onzas de tofu extra firme, prensado y cortado en cubos de 2 pulgadas

- 2 cucharaditas de condimento sin sal de mezquite, divididas

- 2 cucharaditas de aceite de canola

- 1 taza de pimientos en rodajas finas

- ½ taza de cebollas picadas

- 2/3 de taza de frijoles negros, escurridos

- 2 tortillas de trigo integral (10 pulgadas)

- 1 cucharada de sriracha

- Yogur griego descremado, para servir

Instrucciones:

1. Ponga el tofu y una cucharadita de condimento en una bolsa plástica mediana para el congelador y tírela hasta que el tofu esté bien cubierto.

2. Calienta el aceite en una sartén mediana a fuego medio-alto. Ponga el tofu en la sartén. No lo revuelva; deje que el tofu se dore antes de voltearlo. Cuando esté ligeramente dorado, unos 6 minutos, transfiera el tofu de la sartén a un pequeño tazón y déjelo a un lado.

3. Ponga los pimientos y las cebollas en la sartén y saltéelos hasta que estén tiernos, unos 5 minutos. Bajen el fuego a medio-bajo, luego pongan los frijoles y el resto de los condimentos. Cocine dentro de 5 minutos.

4. Para los burritos, pongan cada tortilla en una superficie de trabajo. Coloca la mitad del tofu en el centro de cada tortilla, pon la mitad de la mezcla de pimienta y frijoles encima y rocía con la sriracha.

5. Dobla la parte inferior de cada tortilla hacia arriba y sobre la mezcla de tofu. Luego dobla cada lado en el medio, métela y enróllala con fuerza hacia el extremo abierto. Servir con una cucharada de yogur.

Nutrición:

Calorías: 327

Grasa: 12g

Hidratos de carbono: 41g

Fibra: 11g

Proteína: 16g
Sodio: 282mg

# La lucha por el Tofu del suroeste

Tiempo de preparación: 15 minutos

Tiempo de cocción: 15 minutos

Porciones: 1

Ingredientes:

- ½ cucharada de aceite de oliva

- ½ cebolla roja, picada

- 2 tazas de espinacas picadas

- 8 onzas de tofu firme, bien drenado

- 1 cucharadita de comino molido

- ½ cucharadita de polvo de ajo

- Opcional para servir: aguacate en rodajas o tomates en rodajas

Instrucciones:

1. Calienta el aceite de oliva en una sartén mediana a fuego medio. Ponga la cebolla y cocínela en 5 minutos. Añade las espinacas y cúbrelas al vapor durante 2 minutos.

2. Usando una espátula, mueve las verduras a un lado de la sartén. Desmenuce el tofu en el área abierta de la

sartén, rompiéndolo con un tenedor. Añadan el comino y el ajo al tofu desmenuzado y mézclenlo bien. Saltear de 5 a 7 minutos hasta que el tofu esté ligeramente dorado.

3. Servir inmediatamente con pan integral, fruta o frijoles. Cubrir con aguacate en rodajas y tomate, si se usa.

Nutrición:

Calorías: 267

Grasa: 17g

Sodio: 75mg

Carbohidratos: 13g

Proteína: 23g

# Burrito de frijoles negros y vegetales

Tiempo de preparación: 15 minutos

Tiempo de cocción: 15 minutos

Porciones: 4

Ingredientes:

- ½ cucharada de aceite de oliva

- 2 pimientos rojos o verdes, picados

- 1 calabacín o calabaza de verano, cortado en cubos

- ½ cucharadita de chile en polvo

- 1 cucharadita de comino

- Pimienta negra recién molida

- 2 latas de frijoles negros drenados y enjuagados

- 1 taza de tomates cherry, cortados por la mitad

- 4 tortillas de trigo integral (8 pulgadas)

- Opcional para servir: espinacas, aguacate en rodajas, cebolletas picadas o salsa picante.

Instrucciones:

1. Calienta el aceite en una sartén grande a fuego medio. Añade los pimientos y saltéalos hasta que estén

crujientes y tiernos, unos 4 minutos. Añada el calabacín, el chile en polvo, el comino y la pimienta negra al gusto y continúe salteando hasta que las verduras estén tiernas, unos 5 minutos.

2. Añade las judías negras y los tomates cherry y cocínalos en 5 minutos. Dividir entre 4 burritos y servirlos con los ingredientes opcionales que se deseen. Disfrute inmediatamente.

Nutrición:

Calorías: 311

Grasa: 6g

Sodio: 499mg

Carbohidratos: 52g

Proteína: 19g

# Huevos horneados en aguacate

Tiempo de preparación: 15 minutos

Tiempo de cocción: 15 minutos

Porciones: 2

Ingredientes:

- 2 aguacates

- Jugo de 2 limas

- Pimienta negra recién molida

- 4 huevos

- 2 tortillas de trigo o de maíz, calentadas.

- Opcional para servir: tomates cherry cortados por la mitad y cilantro picado

Instrucciones:

1. Ajuste la rejilla del horno a la posición media y precaliente el horno a 450°F. Raspe el centro del aguacate cortado por la mitad con una cuchara de 1½ cucharadas.

2. Presiona el jugo de lima sobre los aguacates y sazona con pimienta negra a gusto, y luego colócalo en una bandeja para hornear. Rompa un huevo en el aguacate.

3. Hornea dentro de 10 a 15 minutos. Sacar del horno y adornar con cilantro y tomates cherry opcionales y servir con tortillas calientes.

Nutrición:

Calorías: 534

Grasa: 39g

Sodio: 462mg

Potasio: 1.095 mg.

Carbohidratos: 30g

Fibra: 20g

Azúcares: 3g

Proteína: 23g

# Frijoles rojos y arroz

Tiempo de preparación: 15 minutos

Hora de cocinar: 45 minutos

Porciones: 2

Ingredientes:

- ½ taza de arroz integral seco

- 1 taza de agua, más ¼ taza

- 1 lata de judías rojas, escurridas

- 1 cucharada de comino molido

- Jugo de 1 lima

- 4 puñados de espinacas frescas

- Aderezos opcionales: aguacate, tomates picados, yogur griego, cebollas...

Instrucciones:

1. Mezclar el arroz con agua en una olla y ponerlo a hervir. Cubrir y reducir el fuego a fuego lento. Cocine dentro de 30 a 40 minutos o de acuerdo a las instrucciones del paquete.

2. Mientras tanto, agregue los frijoles, ¼ taza de agua, comino y jugo de lima a una sartén mediana. Cuézalo a fuego lento en 5 a 7 minutos.

3. Una vez que el líquido haya desaparecido en su mayor parte, retire del fuego y añada las espinacas. Cubrir y dejar que las espinacas se marchiten ligeramente, de 2 a 3 minutos. Mezclar con los frijoles. Servir las judías con arroz. Añade los ingredientes, si los usas.

Nutrición:

Calorías: 232

Grasa: 2g

Sodio: 210mg

Carbohidratos: 41g

Proteína: 13g

# Sopa de lentejas

Tiempo de preparación: 15 minutos

Hora de cocinar: 30 minutos

Porciones: 4

Ingredientes:

- 1 cucharada de aceite de oliva

- 2 zanahorias, peladas y picadas

- 2 tallos de apio, cortados en cubos

- 1 cebolla, picada

- 1 cucharadita de tomillo seco

- ½ cucharadita de polvo de ajo

- Pimienta negra recién molida

- 1 lata de 28 onzas de tomates sin sal, escurridos.

- 1 taza de lentejas secas

- 5 tazas de agua

- Sal

Instrucciones:

1. Calienta el aceite en un gran horno o una olla holandesa a fuego medio. Una vez que el aceite esté hirviendo a fuego lento, añade la zanahoria, el apio y la cebolla. Cocine, a menudo revolviendo en 5 minutos.

2. Añade el tomillo, el ajo en polvo y la pimienta negra. Cocine en 30 segundos. Vierta los tomates escurridos y cocine por unos minutos más, revolviendo a menudo para realzar su sabor.

3. Ponga las lentejas, agua, más una pizca de sal. Sube el fuego y ponlo a hervir, luego cubre parcialmente la olla y reduce el calor para mantenerlo a fuego lento.

4. Cocine dentro de 30 minutos, o hasta que las lentejas estén tiernas pero aún mantengan su forma. Colóquelas en tazones y sírvalas con una ensalada verde fresca y pan integral.

Nutrición:
Calorías: 168
Grasa: 4g
Sodio: 130mg
Carbohidratos: 35g
Proteína: 10g

# Sopa de frijoles negros

Tiempo de preparación: 15 minutos

Tiempo de cocción: 20 minutos

Porciones: 4

Ingredientes:

- 1 cebolla amarilla

- 1 cucharada de aceite de oliva

- 2 latas de judías negras, escurridas

- 1 taza de tomates frescos cortados en dados

- 5 tazas de caldo de verduras bajo en sodio

- ¼ cucharadita de pimienta negra recién molida

- ¼ taza de cilantro fresco picado

Instrucciones:

1. Cocina o saltea la cebolla en el aceite de oliva en 4 o 5 minutos en una cacerola grande a fuego medio. Poner las judías negras, los tomates, el caldo de verduras y la pimienta negra. Hervir, luego ajustar el calor para que hierva a fuego lento dentro de 15 minutos.

2. Remueva, luego trabajando por lotes, vierta la sopa en una licuadora y procese hasta que esté algo suave.

Ponerla de nuevo en la olla, añadir el cilantro y calentar hasta que se caliente. Servir inmediatamente.

Nutrición:

Calorías: 234

Grasa: 5g

Sodio: 363mg

Carbohidratos: 37g

Proteína: 11g

# Camotes horneados cargados

Tiempo de preparación: 15 minutos

Tiempo de cocción: 20 minutos

Porciones: 4

Ingredientes:

- 4 patatas dulces

- ½ taza de yogur griego natural sin grasa o bajo en grasa

- Pimienta negra recién molida

- 1 cucharadita de aceite de oliva

- 1 pimiento rojo, sin corazón y cortado en cubos.

- ½ cebolla roja, picada

- 1 cucharadita de comino molido

- 1 lata de garbanzos de 15 onzas, escurridos y enjuagados

Instrucciones:

1. Pinche las patatas con un tenedor y cocínelas en el microondas hasta que las patatas estén blandas y bien cocidas, unos 8 o 10 minutos para 4 patatas. Si no tiene un microondas, hornee a 400°F durante unos 45 minutos.

2. Combina el yogur y la pimienta negra en un pequeño tazón y mézclalo bien. Calentar el aceite en una olla mediana a fuego medio. Añade el pimiento, la cebolla, el comino y más pimienta negra a gusto.

3. Añade los garbanzos, revuelve para combinarlos y calienta durante unos 5 minutos. Cortar las patatas a lo largo por la mitad y poner encima de cada mitad una porción de la mezcla de frijoles seguida de 1 a 2 cucharadas de yogur. Servir inmediatamente.

Nutrición:

Calorías: 264

Grasa: 2g

Sodio: 124mg

Carbohidratos: 51g

Proteína: 11g

# Frijoles blancos con espinacas y tomates asados.

Tiempo de preparación: 15 minutos

Tiempo de cocción: 10 minutos

Porciones: 2

Ingredientes:

- 1 cucharada de aceite de oliva

- 4 pequeños tomates ciruela, cortados por la mitad a lo largo.

- 10 onzas de espinacas congeladas, descongeladas y exprimidas del exceso de agua

- 2 dientes de ajo, cortados en rodajas finas

- 2 cucharadas de agua

- ¼ cucharadita de pimienta negra recién molida

- 1 lata de judías blancas, escurridas

- Jugo de 1 limón

Instrucciones:

1. Calienta el aceite en una gran sartén a fuego medio-alto. Poner los tomates, cortados por la parte de abajo, y

cocinarlos en 3 a 5 minutos; darlos vuelta y cocinarlos en 1 minuto más. Pásalos a un plato.

2.  Reduzca el fuego a medio y añada las espinacas, el ajo, el agua y la pimienta a la sartén. Cocine, revolviendo hasta que las espinacas se calienten, de 2 a 3 minutos.

3.  Devuelve los tomates a la sartén, pon las judías blancas y el zumo de limón y mézclalos hasta que se calienten durante 1 ó 2 minutos.

Nutrición:

Calorías: 293

Grasa: 9g

Sodio: 267mg

Carbohidratos: 43g

Proteína: 15g

# Ensalada de guisantes de ojo negro y verdes

Tiempo de preparación: 15 minutos

Tiempo de cocción: 6 minutos

Porciones: 2

Ingredientes:

- 1 cucharada de aceite de oliva

- 3 tazas de col morada, picada

- 5 tazas de espinacas para bebés

- 1 taza de zanahorias ralladas

- 1 lata de guisantes de ojo negro, escurridos

- Jugo de ½ limón

- Sal

- Pimienta negra recién molida

Instrucciones:

1. En una cacerola mediana, agregue el aceite y la col y saltee durante 1 a 2 minutos a fuego medio. Añade las espinacas y cúbrelas durante 3 o 4 minutos a fuego medio, hasta que las verduras se marchiten. Retire del fuego y añada a un tazón grande.

---

2. Añade las zanahorias, los guisantes de ojo negro y un chorrito de zumo de limón. Sazonar con sal y pimienta, si se desea. Mezclar y servir.

Nutrición:

Calorías: 320

Grasa: 9g

Sodio: 351mg

Potasio: 544mg

Carbohidratos: 49g

Proteína: 16g

# Macarrones de calabaza y queso

Tiempo de preparación: 15 minutos

Tiempo de cocción: 20 minutos

Porciones: 2

Ingredientes:

- 1 taza de macarrones de trigo integral ziti

- 2 tazas de calabaza pelada y cortada en cubos

- 1 taza de leche descremada o baja en grasa, dividida

- Pimienta negra recién molida

- 1 cucharadita de mostaza de Dijon

- 1 cucharada de aceite de oliva

- ¼ taza de queso cheddar bajo en grasa rallado

Instrucciones:

Cocina la pasta al dente. Poner la calabaza y la taza de leche ½ en una cacerola mediana y colocarla a fuego medio-alto. Sazonar con pimienta negra. Deje que hierva a fuego lento. Bajar el fuego, luego cocinar hasta que esté tierno como un tenedor, de 8 a 10 minutos.

A una licuadora, añada calabaza y mostaza de Dijon. Haz un puré hasta que esté suave. Mientras tanto, coloca una sartén grande a fuego medio y añade aceite de oliva. Añade el puré de calabaza y el resto de ½ taza de leche. Cocine a fuego lento en 5 minutos. Añade el queso y revuelve para combinar.

Añade la pasta a la sartén y revuélvela para combinarla. Servir inmediatamente.

Nutrición:

Calorías: 373

Grasa: 10g

Sodio: 193mg

Carbohidratos: 59g

Proteína: 14g

# Pasta con tomates y guisantes

Tiempo de preparación: 15 minutos

Tiempo de cocción: 15 minutos

Porciones: 2

Ingredientes:

- ½ taza de pasta integral de elección

- 8 tazas de agua, más ¼ para terminar

- 1 taza de guisantes congelados

- 1 cucharada de aceite de oliva

- 1 taza de tomates cherry, cortados por la mitad

- ¼ cucharadita de pimienta negra recién molida

- 1 cucharadita de albahaca seca

- ¼ taza de queso parmesano rallado (bajo en sodio)

Instrucciones:

1. Cocina la pasta al dente. Añade el agua a la misma olla que usaste para cocinar la pasta, y cuando esté hirviendo, añade los guisantes. Cocine en 5 minutos. Escúrrelos y déjalos a un lado.

2. Calienta el aceite en una gran sartén a fuego medio. Añade los tomates cereza, pon una tapa en la sartén y deja que los tomates se ablanden durante unos 5 minutos, revolviendo unas cuantas veces.

3. Sazonar con pimienta negra y albahaca. Añade la pasta, los guisantes y la taza de agua ¼, revuelve y retira del fuego. Servir cubierto con parmesano.

Nutrición:

Calorías: 266

Grasa: 12g

Sodio: 320mg

Carbohidratos: 30g

Proteína: 13g

# Arroz frito de vegetales saludables

Tiempo de preparación: 15 minutos

Tiempo de cocción: 10 minutos

Porciones: 4

Ingredientes:

Para la salsa:

- 1/3 taza de vinagre de ajo

- 1½ cucharadas de melaza oscura

- 1 cucharadita de polvo de cebolla

Para el arroz frito:

- 1 cucharadita de aceite de oliva

- 2 huevos enteros ligeramente batidos + 4 claras de huevo

- 1 taza de vegetales mixtos congelados

- 1 taza de edamame congelado

- 2 tazas de arroz integral cocido

Instrucciones:

1. Prepara la salsa combinando el vinagre de ajo, la melaza y el polvo de cebolla en un frasco de vidrio. Agitar bien.

2. Calentar el aceite en un gran wok o sartén a fuego medio-alto. Añada los huevos y las claras, y deje que se

cocinen hasta que los huevos se cuajen, durante aproximadamente 1 minuto.

3. Romper los huevos con una espátula o cuchara en pequeños trozos. Añade verduras mixtas congeladas y edamame congelado. Cocine por 4 minutos, revolviendo frecuentemente.

4. Añade el arroz integral y la salsa a la mezcla de verduras y huevos. Cocine por 5 minutos o hasta que se caliente. Sirva inmediatamente.

Nutrición:

Calorías: 210

Grasa: 6g

Sodio: 113mg

Carbohidratos: 28g

Proteína: 13g

# Hamburguesas de queso con hongos Portobello

Tiempo de preparación: 15 minutos

Tiempo de cocción: 10 minutos

Porciones: 4

Ingredientes:

- 4 hongos portobello, se quitaron las tapas y se limpiaron con un cepillo.

- 1 cucharada de aceite de oliva

- ½ cucharadita de pimienta negra recién molida

- 1 cucharada de vinagre de vino tinto

- 4 rebanadas de queso suizo reducido en grasas, en lonchas finas.

- 4 sándwiches de trigo integral de 100 calorías.

- ½ aguacate, en rodajas finas

Instrucciones:

1. Calienta una sartén o una parrilla a fuego medio-alto. Limpia los hongos y quita los tallos. Cepille cada sombrero con aceite de oliva y espolvoree con pimienta negra. Colóquelos en la sartén con la tapa hacia arriba y

cocínelos durante unos 4 minutos. Voltee y cocine por otros 4 minutos.

2. Espolvorear con el vinagre de vino tinto y dar la vuelta. Añade el queso y cocina durante 2 minutos más. Para que se derrita de forma óptima, coloque una tapa suelta sobre la sartén. Mientras tanto, tostar el sándwich se adelgaza. Crea tus hamburguesas cubriendo cada una con aguacate en rodajas. Disfrútenlas inmediatamente.

Nutrición:
Calorías: 245
Grasa: 12g
Sodio: 266mg
Carbohidratos: 28g
Proteína: 14g

# Tortilla de garbanzos y romero al horno

Tiempo de preparación: 15 minutos

Tiempo de cocción: 15 minutos

Porciones: 2

Ingredientes:

- ½ cucharada de aceite de oliva

- 4 huevos

- ¼ taza de queso parmesano rallado

- 1 lata de garbanzos de 15 onzas, escurridos y enjuagados

- 2 tazas de espinacas para bebés

- 1 taza de champiñones de botón, picados

- 2 ramitas de romero, hojas recogidas (o 2 cucharaditas de romero seco)

- Sal

- Pimienta negra recién molida

Instrucciones:

1. Calienta el horno a 400 F y coloca una bandeja de hornear en el estante del medio. Forre un molde de 8 pulgadas con papel de horno y engráselo

generosamente con aceite de oliva. Si no tiene un molde, engrase una sartén para horno (o una sartén de hierro fundido) con aceite de oliva.

2.  Bate ligeramente los huevos y el parmesano. Ponga los garbanzos en la sartén preparada. Poner las espinacas y los champiñones encima de los frijoles. Vierta la mezcla de huevos encima y esparza el romero. Sazonar al gusto con sal y pimienta.

3.  Coloca el molde en la bandeja precalentada y hornea hasta que esté dorado e hinchado y el centro se sienta firme y elástico unos 15 minutos. Retire del horno, corte en rebanadas y sirva inmediatamente.

Nutrición:

Calorías: 418

Grasa: 19g

Sodio: 595mg

Carbohidratos: 33g

Proteína: 30g

# Sopa fría de pepino y aguacate con eneldo

Tiempo de preparación: 15 minutos

Hora de cocinar: 30 minutos

Porciones: 4

Ingredientes:

- 2 pepinos ingleses, pelados y cortados en cubos, más ¼ taza reservada para la guarnición

- 1 aguacate, pelado, deshuesado y picado, más ¼ taza reservada para la guarnición

- 1½ tazas de yogur griego natural sin grasa o bajo en grasa

- ½ taza de agua fría

- 1/3 taza de eneldo suelto, más ramitas para adornar.

- 1 cucharada de jugo de limón recién exprimido

- ¼ cucharadita de pimienta negra recién molida

- ¼ cucharadita de sal

- 1 diente de ajo

Instrucciones:

1. Ponga los ingredientes del puré en una licuadora hasta que esté suave. Si prefiere una sopa más fina, añada más agua hasta que alcance la consistencia deseada. Divida la sopa en 4 tazones. Cúbrala con un plástico y refrigérela en 30 minutos. Adorne con pepino, aguacate y ramitas de eneldo, si lo desea.

Nutrición:

Calorías: 142

Grasa: 7g

Sodio: 193mg

Carbohidratos: 12g

Proteína: 11g

# Ensalada de frijoles y pimientos del suroeste

Tiempo de preparación: 6 minutos

Tiempo de cocción: 0 minutos

Porciones: 4

Ingredientes:

- 1 lata de frijoles pintos, escurridos

- 2 pimientos, sin corazón y picados.

- 1 taza de granos de maíz

- Sal

- Pimienta negra recién molida

- Jugo de 2 limas

- 1 cucharada de aceite de oliva

- 1 aguacate, picado

Instrucciones:

1. Mezcla frijoles, pimientos, maíz, sal y pimienta en un tazón grande. Presiona el jugo de limón fresco, y luego mézclalo con aceite de oliva. Dejar la ensalada en la nevera en 30 minutos. Añada el aguacate justo antes de servir.

Nutrición:

Calorías: 245

Grasa: 11g

Sodio: 97mg

Carbohidratos: 32g

Proteína: 8g

# Puré de coliflor

Tiempo de preparación: 10 minutos

Tiempo de cocción: 10 minutos

Porciones: 4

Ingredientes:

- 16 tazas de agua (suficiente para cubrir la coliflor)

- 1 cabeza de coliflor (alrededor de 3 libras), recortada y cortada en ramilletes

- 4 dientes de ajo

- 1 cucharada de aceite de oliva

- ¼ cucharadita de sal

- 1/8 de cucharadita de pimienta negra recién molida

- 2 cucharaditas de perejil seco

Instrucciones:

2. Hervir una gran olla de agua, luego la coliflor y el ajo. Cuézalos en 10 minutos, luego cuélalos. Muévelo de nuevo a la olla caliente, y déjalo reposar de 2 a 3 minutos con la tapa puesta.

3. Ponga la coliflor y el ajo en un procesador de alimentos o en una licuadora. Añade el aceite de oliva, la sal, la

pimienta y el puré hasta que esté suave. Pruebe y ajuste la sal y la pimienta.

4. Remueva, luego ponga el perejil, y mezcle hasta que se combinen. Adorne con aceite de oliva adicional, si lo desea. Servir inmediatamente.

Nutrición:

Calorías: 87g

Grasa: 4g

Sodio: 210mg

Carbohidratos: 12g

Proteína: 4g

# Coles de Bruselas asadas

Tiempo de preparación: 5 minutos

Tiempo de cocción: 20 minutos

Porciones: 4

Ingredientes:

- 1½ libras de coles de Bruselas, recortadas y reducidas a la mitad

- 2 cucharadas de aceite de oliva

- ¼ cucharadita de sal

- ½ cucharadita de pimienta negra recién molida

Instrucciones:

1. Precaliente el horno a 400°f. Combine las coles de Bruselas y el aceite de oliva en un gran tazón para mezclar y revuelva hasta que estén cubiertos uniformemente.

2. Voltee las coles de Bruselas en una gran bandeja para hornear y déles la vuelta, para que se corten con la parte plana tocando la bandeja para hornear. Espolvorear con sal y pimienta.

3. Hornee dentro de 20 o 30 minutos o hasta que las coles de Bruselas estén ligeramente carbonizadas y crujientes

por fuera y tostadas por debajo. Las hojas exteriores también serán extra oscuras. Sirva inmediatamente.

Nutrición:

Calorías: 134

Grasa: 8g

Sodio: 189mg

Carbohidratos: 15g

Proteína: 6g

# Brócoli con ajo y limón

Tiempo de preparación: 2 minutos

Hora de cocinar: 4 minutos

Porciones: 4

Ingredientes:

- 1 taza de agua

- 4 tazas de flores de brócoli

- 1 cucharadita de aceite de oliva

- 1 cucharada de ajo picado

- 1 cucharadita de cáscara de limón

- Sal

- Pimienta negra recién molida

Instrucciones:

1. Ponga el brócoli en el agua hirviendo en una pequeña cacerola y cocínelo en 2 o 3 minutos. El brócoli debe conservar su color verde brillante. Escurra el agua del brócoli.

2. Ponga el aceite de oliva en una pequeña sartén a fuego medio-alto. Añade el ajo y saltéalo durante 30

segundos. Poner el brócoli, la ralladura de limón, la sal y la pimienta. Mezclar bien y servir.

Nutrición:

Calorías: 38g

Grasa: 1g

Sodio: 24mg

Carbohidratos: 5g

Proteína: 3g

# Arroz integral Pilaf

Tiempo de preparación: 5 minutos

Tiempo de cocción: 10 minutos

Porciones: 4

Ingredientes:

- 1 taza de caldo de verduras bajo en sodio

- ½ cucharada de aceite de oliva

- 1 diente de ajo, picado

- Un cebollín, cortado en rodajas finas

- 1 cucharada de copos de cebolla picada

- 1 taza de arroz integral instantáneo

- 1/8 de cucharadita de pimienta negra recién molida

Instrucciones:

1. Mezclar el caldo de verduras, el aceite de oliva, el ajo, el cebollino y los copos de cebolla picados en una cacerola y hervir. Poner el arroz, luego hervirlo de nuevo, ajustar el calor y hervir a fuego lento dentro de 10 minutos. Retirar y dejar reposar dentro de 5 minutos. Espolvorear con un tenedor y sazonar con pimienta negra.

Nutrición:

Calorías: 100g

Grasa: 2g

Sodio: 35mg

Carbohidratos: 19g

Proteína: 2g

# El gran salto del frijol negro...

Tiempo de preparación: 5 minutos

Tiempo de cocción: 1 minuto

Porciones: 2

Ingredientes:

- 1 lata (15 onzas) de frijoles negros, escurridos, con el líquido reservado

- ½-lata de pimientos chipotle en salsa de adobo

- ¼ taza de yogur griego natural

- Pimienta negra recién molida

Instrucciones:

1. Combina frijoles, pimientos y yogurt en un procesador de alimentos o licuadora y procesa hasta que esté suave. Añada un poco del líquido de los frijoles, una cucharada cada vez, para obtener una consistencia más fina. Sazonar al gusto con pimienta negra. Servir.

Nutrición:

Calorías: 70g

Grasa: 1g

Sodio: 159mg

Carbohidratos: 11g

Proteína: 5g

# Hummus clásico

Tiempo de preparación: 5 minutos

Tiempo de cocción: 0 minutos

Porciones: 6–8

Ingredientes:

- 1 lata de garbanzos de 15 onzas, escurridos y enjuagados

- 3 cucharadas de tahini de sésamo

- 2 cucharadas de aceite de oliva

- 3 dientes de ajo, picados

- Jugo de 1 limón

- Sal

- Pimienta negra recién molida

Instrucciones:

1. Mezcla todos los ingredientes hasta que estén suaves pero espesos en un procesador de alimentos o una licuadora. Añada agua si es necesario para producir un humus más suave. Guárdelo tapado hasta 5 días.

Nutrición:

Calorías: 147g

Grasa: 10g

Sodio: 64mg

Carbohidratos: 11g

Proteína: 6g.

# Pieles de patata crujientes

Tiempo de preparación: 2 minutos

Tiempo de cocción: 19 minutos

Porciones: 2

Ingredientes:

- 2 papas rojizas

- Spray de cocina

- 1 cucharadita de romero seco

- 1/8 de cucharadita de pimienta negra recién molida

Instrucciones:

1. Precaliente el horno a 375°f. Pinche o perfore las patatas por todas partes con un tenedor. Ponerlas en un plato. Cocínalas a toda potencia en el microondas dentro de los 5 minutos. Voltéelas y cocínelas de nuevo dentro de 3 o 4 minutos más, o hasta que estén blandas.

2. Con cuidado, las papas se sacan en caliente de la pulpa de las papas, dejando 1/8 de pulgada de pulpa de papa adherida a la piel. Ponga a un lado.

3. Rociar el interior de cada patata con spray de cocina. Presiona el romero y la pimienta. Colocar las cáscaras en una bandeja de hornear y hornear en un horno

precalentado de 5 a 10 minutos hasta que estén ligeramente doradas y crujientes. Servir inmediatamente.

Nutrición:

Calorías 114

Grasa: 0g

Sodio: 0mg

Carbohidratos: 27g

Proteína: 3g

# Garbanzos asados

Tiempo de preparación: 5 minutos

Hora de cocinar: 30 minutos

Porciones: 2

Ingredientes:

- 1 lata de 15 onzas de garbanzos, escurridos y enjuagados

- ½ cucharadita de aceite de oliva

- 2 cucharaditas de sus hierbas favoritas o mezcla de especias

- ¼ cucharadita de sal

Instrucciones:

1. Precaliente el horno a 400°f.

2. Envuelva una hoja para hornear con borde con toallas de papel, coloque los garbanzos sobre ella en una capa uniforme y limpie con más toallas de papel hasta que la mayor parte del líquido sea absorbido.

3. En un tazón mediano, arroje suavemente los garbanzos y el aceite de oliva hasta que se combinen. Espolvorea la mezcla con las hierbas y la sal y vuelve a mezclar.

4. Coloca los garbanzos de nuevo en la bandeja de hornear y extiéndelos en una capa uniforme. Hornee durante 30 o 40 minutos, hasta que estén crujientes y dorados. Revuelva a la mitad. Servir.

Nutrición:

Calorías: 175g

Grasa: 3g

Sodio: 474mg

Carbohidratos: 29g

Proteína: 11g

# Batido de zanahoria y pastel

Tiempo de preparación 5 minutos

Tiempo de cocción: 0 minutos

Porciones: 2

Ingredientes:

- 1 plátano congelado, pelado y cortado en cubitos

- 1 taza de zanahorias, cortadas en cubos (peladas si se prefiere)

- 1 taza de leche descremada o baja en grasa

- ½ taza de yogur griego de vainilla sin grasa o bajo en grasa

- ½ copa de hielo

- ¼ taza de piña cortada en cubitos, congelada

- ½ cucharadita de canela molida

- Pellizcar la nuez moscada

- Aderezos opcionales: nueces picadas, zanahorias ralladas

Instrucciones:

1. Procesa todas las fijaciones a una licuadora. Sirva inmediatamente con los aderezos opcionales que desee.

Nutrición:

Calorías: 180g

Grasa: 1g

Sodio: 114mg

Carbohidratos: 36g

Proteína 10g

Lightning Source UK Ltd.
Milton Keynes UK
UKHW021821160421
382091UK00005B/77